Gabriela A. Arciniegas

Lecciones de vuelo

[Poemas]

artepoética press

Nueva York, 2016

Title: Lecciones de vuelo (poemas)
ISBN-10: 1-940075-40-8
ISBN-13: 978-1-940075-40-2

Design: © Ana Paola González
Cover & Image: © Jhon Aguasaco
Author's photo by: © Nicolás Cadena Arciniegas
Editor in chief: Carlos Aguasaco
E-mail: carlos@artepoetica.com
Mail: 38-38 215 Place, Bayside, NY 11361, USA.

A Marco
quien me dio
la más hermosa
lección de vuelo

ÍNDICE

La poesía de Gabriela A. Arciniegas

Por Cristina Maya

Lecciones de vuelo, de Gabriela A. Arciniegas, es una apuesta por el lenguaje. La escritura tiene sentido cuando se la reinventa a cada paso, cuando se la manipula, casi hasta quebrarla en su punto más flexible, allí donde llega a la subversión. El lenguaje puede modificar una manera de ver el mundo, nada es tan evidente pero a la vez tan claro, como cuando sopesamos las palabras para obligarlas a decir lo que sucede en el fondo del inconsciente, en los albores del duermevela o en las profundidades del sueño. Las palabras tienen su Kami, dice Gabriela, utilizando esta expresión japonesa que significa alma o espíritu. Entonces hay que buscar dentro de ellas su contenido fundacional. "Fue al desear esa vocal primera / que nos nacieron los ojos / que nuestra boca se abrió para decirla".

De allí se entrevé la relación del poeta con la palabra, asociación tan íntima como la que se logra con la pregunta por los orígenes de las culturas humanas y su proceso de evolución. Las inquietudes intelectuales y poéticas de Gabriela Arciniegas comienzan y desembocan en esta gran curiosidad por lo primordial y prehistórico. Por ello, "El eco viene del comienzo de los siglos / de la primera chispa que dibujó el tambor de la vida".

A partir de allí puede decirse que su exploración se remite necesariamente al mito. Vladimir Propp y los ritos de iniciación, una ardua y concienzuda búsqueda a través del Yuruparí. Lo americano, lo griego, lo germánico, lo nórdico y también lo chino y lo japonés. Sigfried, la serpiente, símbolo ancestral y predominante en varias culturas; los héroes y los villanos.

Aunque de esta exploración mítica surgen también nuevas historias, Gabriela A. Arciniegas reinterpreta el mito al asumirlo y piensa nuevamente sobre él para integrarlo a su palabra, a sus vivencias, es decir, lo hace poesía. Detrás del mito existe siempre el misterio de lo desconocido, el insondable camino que va desde la pregunta hasta la imposible respuesta: "Cada vez que un espíritu sube o baja / pisa un peldaño hacia eso que no sabemos qué es". En el fondo, todo gran poema es una pregunta que cuestiona el mundo y cuestiona también al ser, de allí su objetivo central. ¿Para qué escribir poesía? Pregunta inevitable de todos los poetas cuya vida cobra sentido allí y solo allí. Pero, ¿podrá develarnos la poesía el mundo que buscamos? Al hacer esta pregunta, le dejamos la responsabilidad a las palabras, porque nos remiten a otros territorios que pueden ser más intensos que los que buscamos a partir de la razón. "Desde entonces / las palabras nos rompen / las entrañas".

Pero, más allá de esos poemas míticos, de esos mundos selváticos por los que se desliza la serpiente, hay un ritmo, como el de la naturaleza, como el del sonido que impregna la selva de tambores. Un ritmo que parte de la escritura y que en cierta forma la explica. La poesía tiene que tener dos factores esenciales —dice Gabriela—: trascendencia y música. El ritmo es casi una condición previa a la creación poética, está prácticamente predefinido y no es más que darlo a la luz. "Me costó mucho trabajo dejar de rimar con consonantes, como antes lo hacía", afirma una vez más.

De su vida en Chile Gabriela obtuvo experiencias extraordinarias en el conocimiento de sí misma. A ello coadyuvaron las disciplinas del Zen, del Taichí, de la meditación y del ayuno. Su poema "La flor infinita" pertenece a esa época, que define como una experiencia de luz. La flor es la que está más allá de las experiencias, la que puede identificar las esencias, incluso al propio yo. Es la que permanece, también, más allá de la máscara. De su inmersión en la cultura japonesa quedan conferencias, y una detenida investigación sobre el haiku que guarda concordancia con la palabra *Aware*: el asombro. El Haiku es un asombro que se identifica también con la conciencia, es decir una conexión con el shinto cuyo significado expresa que todos los objetos están llenos de espíritus: desde las cucharas hasta la hornilla de la estufa. El asombro es entonces la condición esencial de la poesía que impacta la conciencia y devela el mundo de una manera íntegra y total. A ese descubrimiento asistimos todos los días con la condición de que nos dejemos asombrar por su belleza. "Porque bello es lo que te hace llorar".

No obstante, al lado de esta poesía luminosa, hay una poesía reflexiva de carácter más o menos negativo pero a la vez vital. "La máscara de la desmemoria", poema que refleja un proceso de construcción y reconstrucción como persona o un proceso de reinventarse. Su cercanía con una persona víctima del Alzheimer le hizo comprender esta verdad. Pues, además, quienes son víctimas de esta enfermedad tienen ciertos dotes intuitivos y de adivinación en los que, frente a los momentos de lucidez, se mezclan los de la desmemoria. "No / Debo quedarme recluida al fondo de mi cráneo / debo desposeerme de la desmemoria / que nadie sepa / que estoy a punto de saber / dónde está ... lo que siempre olvido".

Por otro lado, la segunda parte del libro, "Caballo para ciegos" —dice la autora— "Fue un experimento a partir del surrealismo, el concretismo, el tropicalismo, el movimiento antropófago. Las corrientes que forjaron la poesía brasileña. Explorar la multiplicidad del yo, los sueños, meter las tecnologías en la poesía, y sacarle provecho al manifiesto antropófago brasilero que es devorar lo extranjero y regurgitarlo en algo nuevo".

En Gabriela Arciniegas existe la influencia de autores como Borges, León de Greiff, Simone de Beauvoir y especialmente la autora brasileña Clarice Lispector. Pero frente a estas notables influencias su voz se revela siempre como suya; única y particular en el ámbito de la nueva poesía colombiana.

DESPACIO SE HIZO LA LUZ

PRÓLOGO

El poeta va siempre
más allá de las cosas mudas
las encierra en los sonidos que produce su cueva sonora
su honda marimba de entretierra
de entremarfil
mas allá del sonido
encerrando su eternidad de mar
entre barrotes de papel mórbido
y tinta nocturna

Y sabiendo que esas cárceles también son de carne
que como el hombre van pegadas al tiempo como a un carrusel
irrefrenable
que las bota al mundo
las deja florecer como doncellas recién bautizadas por el rocío
las colma de gracia
las fatiga en infame promiscuidad
las escupe como bagazos gimientes

Habiendo comprendido esto y con dolor
el poeta erige un altar de piedras ardientes
les promete el matrimonio
y las abandona
mata a las palabras
elige
si quiere quemar su madera
labrar una estatua
... quizá una silla
          La condición de la silla es que no sirva para sentarse
Alinea las palabras
hace que canten
con el cuerpo, con la tierra
y
que se abucheen

que se desgarren
que se devoren
que chillen

No permite que se suelten
¡Que lo muerden!
¡Que le comen la lengua!

O las suelta
para conocerlas
salvajes y ávidas

Le quitan la máscara
su vestidura de tiempo
y el poeta ve
frente a él
su cara
la que temía
macaco
poeta

La poesía habita la selva del pánico

El poeta escribe
con el horror y la vergüenza
de ser hombre o ser hembra
escribe hendiendo la cuchilla en sus arterias
así de vivo, así de cansado, así de arrepentido
así de comprometido con su insignificancia

El poeta sólo puede escribir a gritos

TAMBOR

Busco
entre las ruinas
de las ideas
Busco
entre los huesos
de mis abuelos
Busco
la piel
que perdió
la serpiente
las florestas
erizadas
del felino
la luz
que perdieron
los ojos
de la luna
y la última lágrima
de la virgen
entregada al mar
Busco
entre harapos
de palabras
escondidas
bajo las casas
de los lotófagos
de los sarcófagos
de los tunjófagos
y veo
las urnas rotas
veo
los dioses
rotos
vacíos de sombras

Veo flautas
roídas
y mis oídos
son lacerados
por notas quebradas
por esquirlas de notas
por lágrimas de notas
que ya no dicen
que ya no cuentan
que ya no despiertan
el aullido de la luna
ni descifran
el desordenado
canto de los pájaros
que ya no levantan
las manos del huracán
que ya no
descuelgan el telón
de la lluvia
sobre el maíz
porque no hay maíz
porque no hay tambor
porque no hay tambor
porque no hay tambor

ESPERPENTO

Cuando no tiene qué decir el hombre se voltea boca vacía dientes vacíos lengua vacía manos arañando exhaustas el abismo del último día de la última hora del último minuto del palpitar del mundo del titilar de los lejanos astros del titilar de sus ojos en abismo. Dame, le dice al gran Sol de las palabras, dame una sola gota más de tu verbo.

Primero fue el animal
ojos abiertos volcanes ávidos
La luz bailaba ante él como bandada de salvajes mariposas
Su boca siempre estuvo abierta, abierta de par en par y girando
Pasaba el sonido el sonido el gran sonido de prismas y carámbanos
Por la flauta de sus diez mil hocicos
De sus diez mil trompas
De sus diez mil picos
negros negros como el interior de la inmensa cuerda que los traspasa
puñal de éxtasis
Negros como la sombra del sol que se derrama nutricia entre las raíces
Entonces nació el esperpento. Abominación
Animal de ojos cerrados y alas tullidas y boca cerrada
Como era hijo de la umbra y el humus le llamaron hombre
Habla, mira, escucha, le decían
los osos y las libélulas y los venados
y se iban a su danza cruel y engañosa
Pero el esperpento oía un ruido espantoso y lloraba
Hasta que un día mató un animal para no comérselo. Admirable
abominación
Hizo con las entrañas una cítara
Y cambió la rotación de las esferas
cuando la hizo sonar

El esperpento cuando enfermaba
miraba con sus entreojos a las aves y al tigre y les pedía con manos
torpes un consejo
El tigre y las aves hicieron sonar la marimba de las hojas y las maderas

y con un cacho de luna le rasgaron los ojos
Por eso el esperpento sólo ve cuando sueña
Y fue odiado y repudiado porque era ciego y mudo
porque era blando y mataba porque no comprendía

Mil vocales tenía el verbo
y él solo aprendió un puñado
Mil alientos había y él sólo aprendió dos:
hacia adentro y hacia afuera

Él inventó el silencio
con su oído que no podía entender lo que el verbo decía

Cada vez que se mueven las piedras
cada vez que los seres respiran
cada vez que se inspira el aroma de una fruta a punto de caer
cada vez que un espíritu sube o baja
pisa un peldaño hacia eso que no sabemos qué es

THEOI

¡Theoi, Theoi, Theoi!
Son los dioses
los dioses errantes
los dioses en carrera

Pasa triste y tímida Betelgeuse
Pasa Arcturus el amo de los osos
vestido de nostálgico naranja
Camina amorosa Capella, la nodriza de pechos de luz
y Ajir Nahr, albo fin de los ríos del cielo y de la tierra
y pasa al trote, con sus pezuñas negras
el toro cuyo ojo es Aldebarán

Son los dioses
los dioses errantes
los dioses en carrera

Ondea en el viento la Spica
del trigo filosofal
bajo los pies de Castor y de Polideuco
hermanos de la Helena, la hechicera Helena
y la triste Clitemnestra
—la Helena susurrante, la médica y maga Magna Helena
cuya Troya no era por amor, no sólo por amor—
Clitemnestra la que pierde, siempre pierde a Ifigenia
por más que repita el mito

Son los dioses
los dioses errantes
los dioses en carrera

Ahí pasa Shaula, la cola del Escorpión levantada
para fecundar desiertos
y gestar secretas primaveras

Ahí, Adhara de musical nombre
de nombre rutilante como agua de río

Son los dioses
los dioses errantes
los dioses en carrera.
Los dioses de pies alados
De pies descalzos de leche de luz

Su carrera no la ven los raudos efímeros humanos
sólo las plantas
las derviches plantas
pueden ver la carrera
reñida carrera
¡Theoi, Theoi, Theoi!

GÉNESIS

Los ojos de Eva
Son dos delicadas espaldas
estremecidas
cuando el ojo de Dios las acaricia

Bestia, oye
las campanas
tocan
en tu nombre

Las siete cabezas y los siete cuellos
las siete lenguas y los catorce ojos
de la hidra
me esperan al lado del camino
multitud en desvelo
mis ojos en los de ella
son telarañas en el viento
        tic
        tac
Me mira
        tic
espero
        tac
incesto
        tic...

SERPIENTE

De muy lejos
viene
viene
la serpiente
allá
allá lejos
veo su cola mordida por sus primeras fauces

Jormungandr
Jormungandr me susurra su nombre
dormida atraviesa los hielos de Islandia
y su aliento es fumado
por los hijos del primer hombre
por los hombres nacidos entre el fuego y la escarcha
por los hombres nacidos de la leche de la vaca Udumla

Ouroboros
Ouroboros semidespierta bajo las murallas derruidas en los ojos
en los ojos semiabiertos del druida
en los ojos derruidos por el éxtasis

Más acá
más acá la serpiente
ya no duerme
y bosteza

Cuando exhala
se derrama en aguas dulces
cuando inhala
su carne se va volando en polvo que hace llorar los ojos
y lacera
con sus gritos que ansían
el falo ígneo del sol
el humo vegetal que perfuma el cielo

y los gemidos famélicos que piden perdón por el olvido

Su cuerpo palpitante que juega
entre lágrimas y huesos resecos
su cuerpo lagarto del Nilo
su cuerpo río Amarillo
su cuerpo bantú lleno de ojos
secados al sol como chamizos
su cuerpo lujurioso
viene siseando
y lacera las mejillas de la Esfinge
suspendida en una inhalación interminable
que se tragó el agua de Nínive

La serpiente
multiplica sus cabezas
para hurgar los sueños
de los reyes
y pedirles
vírgenes con collares de perlas
vírgenes vestidas de novias

Quiere
          tragarlas por el túnel de su boca
Quiere
          llevarlas a su morada nocturna.
Quiere
          con su semen dulce
hacer temblar
las piernas abiertas
las bocas abiertas
las espigas abiertas
y las raíces
erógenas
bajo los surcos
preñados
de semillas

Viene
      la hidra
      con sus siete y con sus diez mil cabezas
Viene
      bajo las barcas
      bajo los gritos
      bajo los pies atados con cadenas
Viene

Más cerca
puedo ver sus alas
puedo presentir
el corazón que es uno con su vientre de fuego

Más acá
      sus ojos ya no reflejan el agua
Más acá
      sus escamas huelen a cueva
Más acá
      sus fauces son de león
Las rodea una rabiosa melena

Ya la oigo rugir en batalla
Pelea contra un hombre que enristra una espada de bronce
Un hombre vestido con la piel de un felino
Indra, Heracles y Sigfried son sus nombres
Es un hombre que ansía
los ríos de su pecho
las vírgenes en filigrana sobre su sexo

Viene, viene por Grecia
su sangre se derrama sobre frescos antiguos
tapando quemando inundando de fuego
su palacio enjoyado
sus aljibes
y sus cuevas

Ya
está
aquí
encallada en un puerto de América

Antes de caer a tierra
estalla en plumas de quetzal
Su nombre es
Kukulkán
Quetzalcóatl
Su boca se abre para decir perlas de maíz
y el hombre
que en la distancia
parecía el dios de todo el Cielo
o el griego con piel de felino
o un germano de melena rubia
se acerca
a recibir el aplauso

No es dios ni griego ni germano
No viste pieles
su nombre verdadero está prohibido decirlo

Usa sandalias y una túnica
no es de bronce ni tampoco hierro
aquello con que mató a la serpiente
No atravesó su pecho
la ahorcó con una sarta de cuentas

Aquí está
la cabeza de la bestia
Ven, Doncella
pisa la cabeza vencida del reptil
cortemos este cuerpo de agua, de fuego, de arena
no volverá a susurrar al oído de los reyes
no volverá a hacer llorar el trigo
todo el pueblo se baña con su sangre
todo el pueblo come de su carne

¡El monstruo ha muerto!
¡Hemos matado al monstruo!

Pero sobre el río
la barca pasa
con un hombre
que juega
con monedas

YAJÉ

Yajé es el agua de los huesos del primer hombre sobre la tierra
Yajé, ojos de cuarzo y de llama quieta
Yajé en la piel del jaguar, las flores negras
embriagadas con la sombra en que el sol se astilla

Yajé en las plumas que el águila presta al viento
Yajé el meandro de agua rozando las hojas secas
Barro con que se amasa el tiempo
río de luz que salpica el cielo
río de leche callado bajo la tierra

Yajé saliendo por los labios suplicantes del chamán
serpiente de humo subiendo por los muros del aire

Al pintarse de jaguares los danzantes
es Yajé quien deja las huellas de su baile sobre el suelo
Es la flauta de sus huesos quien hace sonar las flautas de la fiesta
Yajé: el útero de la selva, germen del mundo

EL BAILE

La anaconda
teje
desde los sueños
la casa
del baile

Los pies
de los hombres
repiten
el conjuro
escrito
en el cuerpo
de la serpiente

Entran
por la puerta
del amanecer
agarrados
de los rayos
del día

Entran
sosteniendo
las flautas

Entran
empalabrados
del aliento
del rugir antiguo
del jaguar

Entran
siguiendo
al payé

Al que lleva
las plumas
del águila
alas
del sol

Entran
siguiendo
el ojo
del trueno
prisma
del cobre
del cuello
del chamán

Cruzan
el rectángulo
de las 24 columnas
y el círculo
de las 16 columnas
y en el centro
las 4 columnas
y el corazón
de la casa:
el caldero

Allí
en el fuego
rugen
palpitan
borbotean
los huesos
revividos
de los abuelos

Allí
en brasas
se enciende

el grito
y el ojo
del dios

En el baile
de las sombras
comienza
a girar el día

Allí se desgarra
la inmortal
infancia

Los abuelos
revividos
soplan
el alma
de los niños
y los embriagan
y los duermen

Cuando despiertan
en sus ojos
se dibujan
todos los ocasos
y afanados
buscan
el calor
en los ojos
de las vírgenes

SIGFRIED

Entre el gorjear del agua
entre el croar oscuro de las ranas
entre el clamor insistente de los grillos
ante la mirada impasible de los juncos
y de los duendes
lejos de los ojos de mi padre
llegué al muelle

En la casa del herrero
hice del metal
una lágrima lúbrica
que olvidó su forma
de tierra profundísima
y cedió ante la imposible
geometría del hombre

Y escuché el pálpito del amor que callan
la sangre y el hierro
En mi espalda se tatuaron
el amor de la valkiria
la piedra de metal ignoto
la sangre de la bestia antigua
las lágrimas de la doncella
y el frío pozo al fondo del anillo

Cinco

Sobre el yunque
la piedra recóndita
entre el fuego y el agua
golpe a golpe
se fue templando

Así rasgué la entraña de la cueva
Rasgué la entraña del animal eterno
Rasgué el silencio culposo de los fantasmas
La hoja de piedra domada penetró la escama
e hizo que esos ojos conocieran el tiempo

Al beber el vino
de los bosques íntimos de sus venas
conocí el sabor de cada piedra de cada camino
y cada aleteo de cada pájaro

El sol se detuvo en el centro de mi espalda
pero no detuvo la sombra

¡Ahí! ¡Ahí! ¡Una gota de sombra!
Las voces profanadas lo gritaban
pero el sol entre los oros y platas domados
me hizo ebrio de la luz finita

Yo hice arder el pecho de la valkiria
Ella me dio sus ojos
—prismas inagotables entre mis manos—
Pero la sombra
piedra negra
lágrima de doncella
entró por mi garganta
y extravió
no sé dónde
el cristal inefable

Y la mirada de la hembra era un puñal
y sus manos dos puñales más

En el lago calmo en que me agacho a beber
no veo la lanza mezquina
agazapada en la mitad del aire

Rompe mi tiempo detenido, me traspasa
Mana mi sangre que es la sangre de la bestia
Manan las sangres de mis ancestros
Se va de mí el hierro líquido

Soy Sigfried el Grande
Mi destino era morir en brazos de la valkiria
No desangrarme solo, de cabeza en un lago

Por eso vengo a sacudir las puertas del Valhala
Vengo a sacudir la reja
hecha con las espadas
de los guerreros muertos

Abajo
en la tierra aterida de frío
sobre mi cuerpo
pasan volando las sombras
Algunos dirán que son los buitres
Yo digo que son valkirias
Son valkirias

RED RIDING HOOD

Ahí
la doncella
que canta como bandada de golondrinas
Sus ojos enceguecen las sombras
El sol enreda los rayos en su pelo

La noche
noche brutal
noche de dientes caninos
mastica su luz
La esconde de los hombres

La doncella quema
las entrañas de la bestia
y entre la miel de fuego
sus cabellos se lavan

La luz deshace a la bestia
Entre el polvo de cristales
germinan
la primavera y el día

GANÍMEDES

Niño
tu nombre
se hace espinas
en la garganta de tu padre

Niño
sueñas con perros
que te acechan
para comerte
las alas

Niño
dejaste
de elevar cometas
porque alguien
cortó el hilo
y te cubrió de tierra

NO OLVIDES

No olvides el día en que descubriste
que la felicidad es tan frágil
que la puede romper una palabra.
Darío Jaramillo Agudelo

No olvides el día en que descubriste
que el corazón del hombre es tan frágil
que lo puede romper cualquier palabra
pues es una cava honda
donde se añejan las lágrimas
                    Allí la felicidad se extravía

Antes sólo existía la vida
luego, una noche lluviosa
los miembros le fallaron al Hombre en su carrera
Se detuvo
se irguió
y se quedó mirando al Trueno
Un fuego empezó a arder en sus pupilas
y lloró

Por sus lágrimas
y desde el cielo
bajó la Muerte

Desde entonces
las palabras nos rompen
las entrañas

EL NOMBRE

Pronúnciame

Dibuja con tu lengua el nombre que he olvidado
cose con tu saliva los fragmentos de mi alfabeto disperso

Graba con tus ojos las letras que me animan
los cantos de pájaros de sílabas de cascadas de sílabas

Tráeme a vaharadas
los silencios cadenciosos de la hierba contra el viento

Ensálmame

Rasga el orificio de mi boca
rasga la boca de la muerte

Que yo entre vocales recién nacidas
encenderé las llamaradas de tus ojos

TAMBOR II

El tambor
seduce
los ríos eternos
del tamborero

La piel
del tambor
guarda
latidos
fantasmas
que saltan
entre las piernas
del tamborero
del bongoero
del cununero

Y aprende
el paso
de los dioses
por el cielo

O CEU DA TUA BOCA

En este instante
cuatro aguas me conjugan:
El feijoo bajo la lluvia
mis ojos bajo tus ojos
mi lengua
bajo el cielo de tu boca
y tu sexo

ELECTRA

Ahí viene el viento de volutas lúbricas
viene a enredarse en las gargantas del dolor
Ahí, el corazón del oriente
sin sosiego
                sin sosiego nunca
tensa el arpa de la mano morena
—la mano en punta de puñal goteando
su fuego discreto en la tiniebla—

Ahí va la deshonrada en la carreta
las marcas blancas de la piel sin oro
el pelo silenciado, sin la mano del viento

La selva del corazón le han cortado
una mano callosa y triste toma su mano
exhalando el aliento del oro de la deshonra

Ahí va la mirada sin lágrimas
la mirada de lágrimas de arena
los ojos que no podrán copiar las estatuas
ni la tinta de las vasijas

Ahí van los ojos sin lágrimas
ahí va la desposeída
a quien incluso la nada le quitaron

A UN HUSO QUIMBAYA
(A Omar Rayo)

Te quedaste con la boca abierta
pronunciando en silencio
un nombre antiguo, oscuro y sabio
saboreando el eco de la sangre extinta
hilando la nostalgia
de las manos que en otros días
te hicieron bailar

Hoy eres un pedazo de piedra
y el nombre que susurras
escapa a mi conciencia

Despacio se hizo la luz

> *"Tarda noches la noche en ser aurora*
> *la luz se hace despacio"*
> Pedro Salinas, El Contemplado

La luz es la luz de los infiernos

Dentro del volcán del cero y de la nada
nace el día cuando un día la noche se cansa de ser nada

Comienza a balbucir chispas que no alcanzan
casi estornudos, casi rayos, casi reflejos
en un agua que aún no se ha hecho océano

Espejismos, maravillas que no pudieron
ser contempladas
                no existía el milagro de los ojos

Tardó noches la noche
tardó tiempos sin tiempo en producir
la primera vocal de su infinito nombre
             esa vocal que era para ser dicha por la nada

Decía, la noche dijo esa vocal perfecta
            una vocal que salió quemando la entraña de la nada
            una vocal que redujo la amorfa quietud inasible del cero
            a una dualidad de luz y sombra en dinamismo

La luz primera salió rodando
madeja de tres colores:
la vida ruidosa
la sombra silente
y trenzado a ellas
el tiempo

De estos tres hilos nació el barro

Fue con barro que nos fuimos haciendo
despacio, siempre inacabados

Fue al desear esa vocal primera
que nos nacieron los ojos
                    que nuestra boca se abrió para decirla

Pero somos pequeños
imprecisos
chispas apenas

Boca en negro
ojos en blanco permanecemos
sabiendo que está la luz rondándonos adentro
y sin poder decirla

Hypnos entre sus cabellos

La cabellera del sueño
cabellera encendida, arisca, me enreda

Se pliega como un papel que envuelve el mundo
Transparenta mis salvajes pálpitos

                               me olvida

Explora mis terrores vetustos

                     mis terrores de galeón rancio
Subasta mi cuerpo
lo troca en caleidoscopios universos
me lleva al trono perdido del alma
donde no estoy atrapada entre miradas caninas

Mi nombre es Quién
mi nombre volátil, transmutable
mi nombre que no me llama
mi nombre que olvida las curvas de mi sexo
del otro lado del espejo
mi nombre que salta de mirada

                          a mirada

                             a mirada

Luz rebelde

          inquieta

               subversiva
que juega a reproducir los teatrillos de Edipo
y los grabados del Liber Mutus
y los espejos en que puso sus ojos Johannes Bosch
y el sueño de la razón
y ese canto que son números

que son el mundo entero y son el hombre y Dios

Esos cabellos de algas abisales
esos cabellos de piedra que el sol moldea con mano oscura
son un laberinto que cambia de forma
con cada paso en que sigo la dirección del día

Y cada puerta es un círculo infernal
sin memoria de ser infierno
con la grave certeza de ser vida

Es cotidiano al oler esos cabellos andróginos
                              cabellos sin tiempo
probar el agua colorida
turbia y henchida de eternidad
volver a esa calle nunca vista
y no reconocer en las melenas híspidas de los árboles
la propia puerta de mi casa
ni los bosques de caña blanca que lanza el sol por entre las persianas

El bosque

El bosque mordisquea
sombra a sombra
el tiempo

Va dejando ausencias
va corroyendo los cráneos ilustres
que hicieron
piedra a piedra
número a número
sonido a sonido
mi gran palacio sonoro
mi intrincado templo
y mis columnas

El bosque
tantas veces inmolado
quemado por ser
caótica brujería
nunca dejó sus ansias

Y sabemos que sobre mi esqueleto
el bosque
la selva negra
la maraña del infinito
de las equis sin ecuación
se comerá los clavicémbalos
y las tragedias

El laberinto de la nada
se comerá nuestro amor
nuestras venganzas
nuestros deseos angélicos

Eco

El eco
viene del comienzo de los siglos
de la primera chispa que dibujó el tambor de la vida

El eco
nació con todos los dolores primeros
nació de las primeras piedras que hicieron fuego
de la sed que nunca saciaron las espadas
de los últimos lamentos de quienes no terminaron de decirse

El eco
viene buscando los restos de las Atlántidas
repitiendo súplicas que nunca fueron respondidas

El eco
retumba entre los dientes de los Andes
contando el naufragio de las bibliotecas
en los mares hirvientes
golpeteando entre los bruñidos oros
entre los oros fundidos crepitando

El eco sigue diluviando sobre el planeta
Repite el sonido de la lanza
arando un camino hacia el corazón del Reptil

Cualquier río es el mismo río
todos los cuerpos reciben el mismo nombre
cuando el Krestos se baña
todas las armas son la misma
todos los caídos copian el rostro
del primer hermano traicionado

A los ojos del eco
toda religión es un imperio
y todos los imperios se fundan
sobre dioses inmolados

El eco es un fantasma que vaga por el mundo
sin saber que nadie lo escucha

EL BANQUITO DE LA SAL

Déjame sentarme
en el banquito de la sal
déjame en silencio
destilando lágrimas en la sombra

Ellas buscan la sal desesperadamente
para preservar la carne de los muertos
y colgarla a la entrada de sus casas

Ellas buscan la sal, no saben llorar
ellas buscan la carne que otros cazaron
no saben el arte de la flecha

Ellas tienen perros
no es para cazar ciervos
sino para cazarte a ti

OCTAVO DÍA

Córtame
el octavo día y el día cero

             Ese día no estará la sangre

Córtame
hazme el anillo de bodas
el octavo día y el día cero

             Ese día volveré a ser agua

CERO

Ábrete
sémina
pronuncia
el mundo

Ábrete
silencio
pronuncia
el tiempo

Ábrete
cero
párpado
del uno

Ábrete
ala
temblorosa
del viento

Ábrete
ojo
del mundo
del sueño

Ábrete
hembra
preñada
de ser

CABALLO PARA CIEGOS

EL MUNDO QUE NO VERÉ

—A MODO DE PRÓLOGO—

I

El poeta escribe con la conciencia de que escribe para un mundo que no verá.

El poeta en un momento determinado de su vida deja de mirar para atrás si quiere salir con vida del inframundo.

Las mujeres no somos femeninas y los hombres no son masculinos.

El yo no existe. Existe para cada cuerpo un -o varios- nosotros, psiquis colectiva. Psiquis formada por lo que otros ven de nosotros, por lo que creemos ser, por lo que nuestros padres quieren que seamos, por lo que queremos que escandalice a nuestros padres, por lo que repudiamos en los otros, por un santo y por una bestia insaciable. Somos legión.

No es para ser futuristas pero convivimos con máquinas y éstas han sido animizadas como habitantes de nuestro mundo. La poesía como la conocemos ha muerto y es por culpa de la máquina. Demos pues luz y bauticemos a otro género literario, estridente, convulso, antropófago, apocalíptico, asfixiante e inmediato.

La máquina se ha devorado al hombre, ved cómo se cubre de piel, pálpito y lágrimas. Cómo se enraíza y se enrama por dentro. Ved como el androide se apodera de nuestra psiquis.

El mundo está siendo tragado por el espejo donde sólo hay energía: autopistas de energía, mensajes de energía, enfermedades de luz y energía. Ahí, de ese lado es que vivimos. Y la poesía ya no tiene palabras para hacer florecer ese mundo. Metafísica tecnificada de la rosa. La luz que en ceros y unos dice la palabra rosa. La rosa sin olor, la rosa sin espinas.

... y este prólogo lo termina el lector del mundo que yo no veré.

ANDROIDE

I

El paraguas sobre ella
murciélago flamingo
bebe las agujas que salpica el techo del mundo
la bombilla menguante se ve llorar
indiferente
ella
acaricia
esa ala de lona que la cubre
con las hojas del árbol secuestrado
ojo del cielo
la luna es un perchero
de donde se cuelgan las estrellas

II

Bajo
pliegues
y pliegues
de halógena
y sombra
se ocultan
ellos

Ella
olvida
cuál es la anatomía de su sexo
y sucumbe
a la multitud
de sí

Bajo las letras de su nombre unívoco
se esconden los desconocidos

Las voces

Sus gestos no pertenecen a su cara
En la tarde aletean los recuerdos
borrando los sonidos de la tarde
ordenando ruidos inciertos
de mediodías no vistos

Son recuerdos que le vienen de dónde
Mujeres que amó hombres que amó
La certeza de haber parido
de haber sepultado
de haber tocado fatigada
el valle mustio de su cara
la sensación exacta y la nota sostenida
de una espada entre huesos y carne
y el aura del dolor que es al tiempo
propio y ajeno

Sus manos se impregnan de tierra que ya se ha llevado el viento
y un hambre que ya no comprende
es una sombra de lobo en sus ojos

Ella le repite su nombre al espejo que la interroga

Se va derramando
gota a gota
su nombre
su cara

Siguen aleteando los recuerdos ciegos
y el espejo sigue mirándola
vacío

SIGUE LA OLA

Escribir es irse del lenguaje

Sentir la hondura de las palabras
no es apilar cadáveres

Hay que irse del verbo
                    porque el verbo es tiempo
Irse del adjetivo
                    engaño de la luz sobre los cuerpos

Hay que habitar el sustantivo
                    sustancia en el corazón de la poesía

La poesía detiene el tiempo
                    es vacío hondo, ilimitado
                    grieta en las paredes aparentes de las palabras
                    donde el universo, las moléculas y el alma
                    son una sola cosa sin nombre

En esa grieta en que el reloj se detiene
                    grieta más allá de la palabra grieta
la poesía es casi silencio y casi palabra
no cuenta
          no explica
                    no convence

No puedes pedirle nada a la sustancia
                    tal vez nadie haya encontrado la poesía

El poeta escribe sus mejores versos
cuando mira la hoja en blanco
                    tomar la pluma es una dolorosa partida
Dibujar la línea de naufragio de las olas
es dejar de mirarla

Escribir es acogerse a otro oleaje:
el lenguaje
                    muerto siempre
                    siempre renacido

La poesía no sirve para nada

La poesía es todo

LECCIONES DE VUELO

El ave
en una esquina del espejo en celo
se aleja del frío
que no alcanza a besar sus alas

Su cuerpo de flauta se ha robado el aire
                          alas de nube trenzada
                          despeinan el viento
Se lanza
             pico de brújula
y emerge
        sin espuma
             estrechando un pez
Nunca lo vio
             sintió su muerte

PIES

Y tus pies
tallados hacia adentro por un dios esquivo
mirándose mutuamente las caras tuertas de los dedos
temerosos del aire que los circunda

Huyen del sol porque no saben
ser acariciados por esos dedos de coser el aire con el fuego

Se ocultan de las miradas que pretenden desnudar su cifra

Y tus pies en cambio
desmayados entre el cuero
indiferentes
aparentando ser arena caliente y barro

Y tus pies
trémulos de vértigo
agarrados al tacón
con talones de cachetes llenos
bajo tobillos de cuello de avestruz
por los que chorrea   el deseo
                                        tibio

Caen las palabras

Se caen
las palabras rutilantes

Se caen
al sacudirse la luna

Caen y el cielo
no deja su meditación oscura

Se caen caen al mar
las palabras sin dejar reflejo

Y el mar sigue susurrando estrellas

MURCIÉLAGA

El viento enreda la luz en mis pupilas en la tarde
nazco y me hago
mujer   murciélaga
esta tarde del poema de la tarde
hasta el ruido que las cosas producen   cuando existen
                                      cuando son
                                      cuando no son
                                      cuando existen y nadie se percata
es poema

Hoy nazco
deshiberno
me mitoseo
me enmito
me guardo en el afuera del mundo
me desovillo
                    me retejo
                    me destejo me desenrollo
hilandera
yerbatera de palabras
que nadie me lo niegue
que nadie intente cercenarme de nuevo
los ojos del asombro
ni el grito atento en la punta de mis pestañas

Yo soy y quiero decirlo
parpadearlo pupila angosta ojo blanco del éxtasis
Yo soy y el mundo es conmigo

Y el mundo pide fauces para rugirse a sí mismo
Y el universo pide ojos para ungirse en su reflejo
para hurgar en las entrañas abisales del océano

Me he robado
la corona el cetro el bálsamo divino
la luz me he robado
para mi solo placer
mi propio regocijo

A UN PERRO SENTADO

Me gusta el tú que está sentado
porque dibuja una estatua

Las estatuas
coagulan el tiempo
en los momentos verdaderos del cuerpo

Dime, ¿tienes conciencia
de esos momentos de estatua?
¿Acaso la pierdes cuando te levantas?

Máscara de la desmemoria

Comienzo a no comprender
esta cara que me amortaja
estos ojos desbordados de agua turbia
como una laguna boquiabierta en eternidad de pregunta

Hace poco
que noto
que me brota
la máscara de la desmemoria

¿Será éste
uno de los trajes
de la muerte
o será
como un vestido de bodas
—transitorio—?

Temo a los espacios
cuando se tornan
lombrices retorcidas en vinagre
temo que al darles la espalda
se reacomodan
nido de ratas
aglutinando patas frías en la sombra

Temo que cuando intento
volver mis pasos sobre ellos
Puedo estar en otra calle
                en otra ciudad
                en una gravedad a mis espaldas
                                laberinto de Escher

Tengo miedo
de mí
de no encontrar el camino hacia mi mundo

No quiero tener la llave de mi puerta
porque no sé si conduce
a la desmemoria
a la atroz inocencia del criminal
o a los geniales dolores desfachados
que le quitan el antifaz
al mito de la existencia del hombre

No

Debo quedarme recluida al fondo de mi cráneo
debo desposeerme de la desmemoria
que nadie sepa
que estoy a punto de saber
dónde está ...
lo que siempre olvido

Sobre el asfalto
un cadáver de lluvia
blanco, espejea

FLOR INFINITA

Esta flor es lo que encontrarás si me quitas la máscara

No necesita de tu agua para abrirse
El agua que la nutre viene de adentro
y del adentro se va hacia el siempre
luego al silencio donde no hay nombres
donde se pudren todos los sonidos
luego donde el silencio se vuelve ceniza
y ahí no hay Dios

Aun deshojándose, la flor palpita
nadie la riega
nadie la ve

En el fondo del bosque enmarañado de ruidos
donde no hay nada
está ella,
la flor sin nombre
la que no existe, la hermosa

Oigan lo que canta sin labios, sin notas
canta la Historia
la Matemática
la Muerte
gira como el sol verdadero que no gira
que no es sol
                    no es luna
                              no es vela
pero hace nacer la luz entre sus dedos

Esta flor nace en los pantanos de este mundo

y en el leve momento antes de abrirse, desaparece

Mírame a los ojos
mira mis cuencas vacías

Tócame

Mira cómo se deshoja este cuerpo
que es puerta y máscara

Mira cómo la máscara
es también la flor

OSCURECIMIENTO

(Este poema se lee de arriba hacia abajo y viceversa)

Tan cerca del sol
un remanso de sombras
una casa dormida

Los cilios diminutos de mis plumas
olvidan los meandros del viento

Mi boca no es canto
es puñal
mutila
los animales amargos de los días
los lugares en que ya no habita nadie
los silencios
las lágrimas de ayer, espejos bruñidos
ecos que me rompen todavía
Todo
todo
todo
quiero arrancarlo
todo lo que rodea mis vísceras insaciables
el insistente músculo del deseo
contemplar lo que fue vida
sin desesperanza
como ladrillos nuevos

Allí
me imagino
despertando
célula en llamas
sin que nada me queme

ALUMBRAMIENTO

AWARÉ II

Entre pétalos de cerezo
viene el viento
revoleando-hilando
y me deja entre los labios
la palabra awaré
y huye
como si alguien

Awaré
el asombro
que me libera
de la catatonia

Voy de noche
y de repente
el sol brutal me asalta
me asombro
después de siglos y siglos
en que el hombre
aún no sabe ser hombre

Asombro
conciencia
que me embrisa
me enarena
me entormenta
me desmorona
me arranca ecuación a ecuación
las moléculas
se me lleva el alma
en ríos obstinados en copiar la ruta inquieta de las venas

y un latido incansable

Me lleva
a la hondura silente de la piedra
al diminuto grillo que habita
la trastienda de los ojos   del pez
                     del armadillo
                     del turpial
de todos los que saben llorar
porque tienen un alma líquida
que les aletea

Awaré
el mercurio en mi pecho
que se deja imantar
porque hasta las infamias son belleza
porque bello es lo que te hace llorar

Quiero ir a ese lugar
Donde nunca.
Llegar a conocer
Donde nadie.
Caminar adonde van.
Pero nunca.

PLIEGUE

Mi cuerpo
pliegues de tela sobre tela
pliegues de seda sobre seda
pliegues de luces sobre luces
pliegues de estrellas sobre estrellas
y entre pliegue y pliegue un espejo
y en cada espejo el universo
ronroneando arropado en sombras
sombras de lo que no fue
y sobre las sombras tintineando cortina de metales caen las palabras
y cada palabra es un cuerpo de pliegue sobre pliegue
y entre pliegue y pliegue el silencio
verdadero nombre de la palabra

ANDO

Ando cordón desamarrado colegiala loca corriendo de la sombra fría
Ando cordón desamarrado entrelazado con los árboles de mí misma
Ando ombligo amarrado lengua amarrada a un ser desconocido
que me dicta mi vida
sonido tras sonido
verso por verso
Ando enraizada toda entre manglares inciertos

                                                    sucios

y cada año
una sucia rama
un brazo

Si no tuviera esta maraña de árboles dolorosos adentro
sería risa
si fuera río
sería tan rabiosamente feliz

Pasa mi zapato de antaño
con su cabellera suelta
con su cardo adentro
con su ola prisionera
y yo calzándome el árbol sobre mi árbol desnudo
comiéndome las raíces de la luna

CABALLO PARA CIEGOS

Caballo para ciegos caballo en braille
llévame en esta noche de pozo y péndulo
    ¿quién somos?, ¿quién somos?
      somos todos a quienes negamos el habla
       somos las caras de la vergüenza

Somos un niño con lombrices
un niño de brillos dorados en los ojos
por las manos nos chorrea
una curiosidad nefasta

Somos una monja que sueña orgías de convento
y teme ver cuernos en el espejo oculto bajo su almohada

Caballo para sordos caballo en señas
llévame por este silencio vasto
     vasto y transparente
     silencio sin estrellas

Somos un hombre de ojos callosos y lágrimas duras
y por eso no comprendemos algunas veces lo que se nos piensa adentro

Somos un dios que cierra su puño y se hace sangrar las elípticas líneas de
la mano
   cada vez que ve la turbia transparencia en los ojos de los
hombres

Caballo para mudos caballo de gritos llévame al puente

¿Qué hay después?

Somos también la princesa en la torre más alta
en el congelado instante en que observa el casco blanco centelleante
pisando su puente levadizo
el tiempo resentido no quiere avanzar a la siguiente lámina del cuento

Somos la princesa en el momento en que el hechizo quiere
cerrarle los ojos
y no le deja saber si ese casco
es el primero que entra o el último que sale

Acaso sea la muerte sólo monedas sólo monedas que se van monedas
que no nos dan a beber que son espuma.

Somos un dandy que pasea por una calle americana
ignorando los mendigos
viendo cómo la geometría es lujuria
        cómo la geometría es hambre
        cómo la geometría es líquida

Somos la hembra que fabrica los sueños de la monja
        la hembra que es toda una lengua y una risa
        y de tan hembra es un hombre que quiere lamer el mundo

Somos el alienígena que cruza el universo
metiendo sus tentáculos en incómodos trajes humanos

Somos la niña que nos ve y no se asombra

Llévame jinete sin piernas a ver amanecer en soles binarios

Muéstrame el prisma hexadecimal que me cercena
                        y las caras que mis ojos pierden
                        porque parpadean

Caballo sin piel jamelgo de remiendos
                                y de moscas

deja tu farsa

cruza el puente el puente de espejos rotos
cruza las mil guillotinas que separan tus ombligos
                    miríada de parásitos ninguna víctima

Este cuerpo es una casa vacía
                    nuestras sombras la habitan

¿Quién somos?, ¿quién somos? Somos todos a los que negamos el habla
                    Somos las caras de la vergüenza

Caballo para ciegos caballo en braille
voy en esta noche de pozo y péndulo
                    voy por el puente de espejos rotos y de prismas
                    llorando de ver las caras que me habitan

Zarza

Todos lo sabemos. El tiempo de los prohombres ha pasado.

Ahora queremos estirar los brazos
$$sacudirlos\ con\ ira$$

Queremos calentar la garganta para un grito
y nos lastimamos

Nos acercamos a las púas de las zarzas
que se dejaron crecer sobre las tumbas de los grandes hombres

Los hombres de hoy
no saben que hay un grito
no saben que hay una zarza

Sólo saben estar

Awkwardness

Déjame
      la silla en el rincón
      y apágame la luz

Deja
      que me suba al tren de mis párpados

Déjame

      con mi awkwardness
      donde mi sonrisa no es billete de halagos
      donde los ojos no me extienden manos pálidas
      pidiendo la limosna de palabras de oro falso

Déjame
      al pie de la pared que sabe mirarme en silencio

Déjame
      sin el roce de las ropas geométricas
      sin el acre sonido de la Historia
Déjame
      reír en mi habitación vacía
      reír de cualquier cosa
      lejos del escrutinio de los otros
      sin que nadie le haga taxidermia a mis carcajadas

Déjame
      llorar sin que nadie me diga
      que no se llora porque sí
      que hay que dibujar edipos en mis lágrimas

Déjame
      no me preguntes qué estoy mirando

Quizá mis ojos no se hicieron para ver
quizá son los órganos del dolor
como mi boca es el órgano del silencio

Déjame
        buscando canciones entre el aguacero
no me des la mano si me ves mal agarrada al mundo

Nunca supe tener pies

EQUILIBRIUM

Los ojos
en puntillas
en el filo del mar
espejo incierto
El viento perfora
la sal de los segundos
—cristales inefables—
esculpe
mi punto ciego

POEMA ABISAL

Basta de barajar mis pétalos, labios sensitivos
quiero tus anémonas lejos de mis cilios

No quiero jugarte mis sales futuras
ni permitirte el aleteo de mis coleópteros

No quiero hacer de mis dedos
arácnidos de fuego sobre la mesa de tu espalda
reverso de tus tentáculos
y de tu ojos tibios

Yo voy por quien se saque el corazón
por quien componga un latido que me deleite el tímpano

Los cuerpos son duros
no se han liberado
del vasto imperio de los días

Tampoco han aprendido
a saltarse las páginas del mundo

Aunque está en el átomo
la puerta al mare tenebrarum
—o alma, dirán con celo los del fondo—
no hay una puerta
de tu casa a mi casa
—quizá sí al sueño
mentira de la mente—
quizá sí a tus ojos
que son de las pocas verdades
que pueden ser soñadas

Hoy salvo el sol todo está bien
el tiempo corre por las cosas, inocente de su luz
las nubes pasan mansas por el pasto azul de un piso arriba
pero el sol.

El tiempo no se pega y no se pega al sol
él lo escupe con sudor de helio
se oculta tras esa capa que clarea el terror del mar oscuro
en que habitamos errantes esta miga de polvo

DESNUDEMOS

Desnudémonos para vestirnos
Con el vestido del mundo

Vistámonos con las estridentes
filigranas monocordes
de las luciérnagas

Desnudemos la voz de los pájaros del alma
Y vacíos de cantos
abracemos la vasta vacuidad de la tierra
y el alma del mar

Somos dos gotas de lluvia
Que añoran la sal

EL PÁJARO

El pájaro levanta el vuelo a pesar de la tierra
El pájaro levanta el vuelo a pesar de la muerte
Vuela a pesar de haber soñado
con el incendio de sus alas

En toda flecha hay una posibilidad de caída
antes de atracar en el violento puerto de la carne
que no sabe que la aguarda

El pájaro ha levantado sus alas hacia el cielo
                    sintiendo que acaso un día lo repudie
bate temblorosas plumas en convulsa caricia
se entrega al aire
                    a su aullido
                                a su silencio blanco

CANSANCIO

Hace tiempo que me viene un cansancio
desde el fondo de los huesos
desde las constelaciones de átomos
desde las migajas del alma que circulan por todo el cuerpo
¿Dónde el cuarzo que me orienta?
¿Dónde la niña escandalosa que nunca fui?

Allá está el útero, allá lejos
el huevo roto de donde vine
el huevo que ya no es más que un puñado de cenizas
ese huevo que alguien dejó en el nido
esa rama donde no hubo un nido
esa rama desnuda donde yo me hice
viendo a la humanidad allá lejos
con sus ruidos y sus llantos que sólo ahora comprendo

El pichón hambriento que fui todos querían que muriera

        Si mi sangre pudiera iniciar una revolución

Sola estoy ahora como siempre
sola agarrando mi vida con las uñas
soy tierra pisada y macerada
vejez me llamo desde siempre
porque los primeros ojos que me vieron
cifraron todo el libro de la vida en un instante
y el agua que los hacía brillar me bautizó con ese nombre

Hasta hoy no he podido acabar de comprenderlos

PEZ

El hecho de que un pez pueda ser visto
como un platillo de comida
con ojos que también miran

Un pez sólo tiene dos posibilidades de movimiento:
hacia el cazador o huyendo del cazador

LA BOCA

Déjame entrar al cielo de tu boca
ese paraíso cálido entre mundos

Déjame partir el mar en dos
atravesar el mar hacia otro mundo

Visitar ese mundo en que navegan peces de gemidos
donde la niebla es suave

Déjame entrar al cielo de tu boca
como un barco de beodos a la deriva

Déjame
entrar
al fondo
de tu boca
déjame
desconocerte

QUE ME LLORABA EL ALMA

Creí que había estado enferma
pero era
que me lloraba el alma
tan bellamente
que dolía

En el huracán me vi un día sin encontrar el ojo
afuera estoy ahora viendo los animales rotos los animales rotos pasar
y rota yo, ya no tanto
me zurzo, me zurzo de nuevo
sale la sangre transparente
sale por entre los párpados del remiendo
la sangre transparente de lo que yo era ayer
el ayer que me duele y ya no vuelve

AMOR

El amor
en el mar del alma
es siempre diferente

El amor
es el mundo
y sus catástrofes

COLIBRÍ

Todos
todos eran colibríes cuando los recibí
Todos eran indefensos y excitaban sus plumas con el sol

Tiritaba su vuelo cuando les abrí mis manos
guardé sus corazones uno a uno
no intenté cerrar los ojos en la iridiscencia

Sólo cerré la casa de mis dedos

Pero no era selva. No era nido. No era árbol
y no era un pájaro lo que se acunaba
en el receptáculo pobre que les ofrecí

No hubo espinas
ni picoteos
la sangre me la sacó el silencio
                                    La tiniebla
Al cerrar mis manos
acuné la tiniebla

Yo lo sabía aunque seguía insistiendo:
"He atrapado al pájaro más hermoso del mundo"

Tú también llegaste volando hasta mis manos
y también te acunaste

O acaso soy yo lo que estoy entre tus dedos
pero ahora no confío en mis ojos

Aunque sé que descompones el arcoiris en mil espectros
aunque sé de los cantos que sabe tu garganta

Tu corazón es un ave florecida al borde del otoño
mi corazón es la última fruta del verano

Nuestro nido está en tu memoria
nuestra casa está cada vez que cierro los ojos
nuestra cama aparece cada vez que me sueñas y te sueño

Nuestro amor no quiere ser canonizado

Somos uno cuando dos estrellas se miran
desde puntos distantes de una galaxia

Otros libros de poemas publicados por Artepoética Press

- *Trozos de azogue [Poemas reunidos]* de Matza Martanto

- *Me sorprendió geométrica [Poemas reunidos]* de Yrene Santos

- *Multilingual Anthology: The Americas Poetry Festival 2014*

- *Sinfonía del orbe. Poesía completa [1985 – 2013]* de Lilia Gutiérrez Riveros

- *Canciones retorcidas, Resorte y otras formas* de Roberto Fernández Iglesias

- *Hormiguero* de Sergio Andruccioli

- *Santuarios desierto mar / Sanctuaries Desert Sea* de Juan Armando Rojas Joo. Trad. Jennifer Rathbun

- *Multilingual Anthology: The Americas Poetry Festival 2015*

- *La oscuridad de lo que brilla / The Darkness Of What Shines* de Carolina Zamudio. Trad. Miguel Falquez-Certain

- *Alba (Poemas de amor / Love Poems)* de Alex Lima

- *Sortilegios del tiempo* de Myriam Bianchi

- *El libro de los muertos [Poemas selectos 1973-2015]* de Jaime Manrique

- *La mujer de la piedra* de Zulema Moret

- *La luz que no se cumple [Poesía reunida]* de Marco Antonio Murillo

- *Multiplicada en mí* de Juana M. Ramos

- *Fluir en Ausencia* de Daisy Novoa Vásquez

- *Viandante en Nueva York* de Osiris Mosquea

- *Language Rooms [Poesía Reunida 2000-2012]* de Luis Luna

- *Manual destructivista / Destructivist Manual* de Tina Escaja. Trad. Kristin Dykstra

- *Horizontes partidos* de Diana Araujo Pereira

Lecciones de vuelo (poemas)
by
Gabriela A. Arciniegas
was published in New York by Artepoética Press Inc.
Fonts used: Adobe Garamond Pro, Minion Pro and Book Antiqua.
For further information please visit www.artepoetica.com